JN061630

Windows ＆ MacOS 対応

ビジネス情報処理

情報機器・ネットワーク・セキュリティ対策・Word・Excel・PowerPoint の基本

劉　博 [著]

泉文堂

はじめに

　今日，情報通信ネットワークが社会インフラの一環として定着し，学校や企業などの組織ではコンピュータなどの情報機器の利活用が欠かせません。特に大学生やビジネスパーソンの場合は，専門・業種・職種問わず情報機器とインターネットを活用して情報を収集し，ビジネス文書を作成したり，業務データを処理・分析したり，さらにプレゼンテーションを通じて情報発信する能力が求められています。

　本書は，WindowsとMacOSなどの基本ソフトの操作方法はもちろん，Office 365に含まれるWord・Excel・PowerPointの基本的な操作方法や，それらによる文章作成・データ処理・プレゼンテーション，インターネットを活用する情報収集・発信のための基本知識と技能，いわゆる大学生と新社会人に必要な「情報リテラシー」を体系的に学べるように工夫しています。

　本書の特徴は次のような点にあります。
- 情報機器のハードウェアとソフトウェアの基本知識を理解できる
- インターネットの基本技術を理解し情報セキュリティ対策ができる
- WindowsとMacOSの両方に共通する基本操作を身につけられる
- 初心者でも効率よく短時間でMS Officeの基本操作を習得できるコンパクトな内容構成
- 実際のビジネス現場で使われる文書を例に作成演習ができる実務的な内容

　本書が高等学校，専門学校，大学，新社会人のための企業研修などにおいて入門テキストとして活用されることを願っています。

2020年10月吉日
川口短期大学研究室にて
劉　　博

1

目　　次

はじめに

Windows ＆ MacOS対応

ビジネス情報処理

情報機器・ネットワーク・セキュリティ対策・Word・Excel・PowerPointの基本

情報機器の基礎知識：
ハードウェアとソフトウェア

 1　今回学ぶこと

　ここ数十年，コンピュータなどの情報機器は，私たちの生活をより便利にし，仕事をより効率的にする上で大きな役割を果たしてきました。今回は，情報とは何か，情報機器とは何か，それからコンピュータの種類およびハードウェア，ソフトウェアについて学びます。

 2　情報と情報機器

　そもそも情報とは何でしょうか。一般的には，情報は，人々に知識をもたらし，その判断を助ける素材のことを指します。具体的には，文字，数字，記号，音声や色などさまざまのものが含まれます。

　そして，情報機器とは，ざまざまの情報を入力，記憶，演算，出力する機械のことです。私たちが日々使っているパソコンやスマホなどのコンピュータがその代表例です。情報社会は，情報機器によって支えられていると言っても過言ではありません。

 3　コンピュータの種類

　コンピュータ（computer）は，電子計算機とも呼ばれ，電子回路を応用して複雑

な計算処理を大量かつ高速に行う機械のことです。1946年にアメリカで開発された
ENIAC（エニアック，Electronic Numerical Integrator and Computer）が一般に広
く知られた初のコンピュータです。

　コンピュータは，用途，性能や形状などに応じて，いくつかの種類に分けられます。
コンピュータの代表的な種類と特徴について確認しましょう。

種　類	概　　要
スーパコンピュータ	宇宙開発や気象予測などの高度な科学技術計算に使用される超高性能なコンピュータです。「スパコン」とも呼ばれます。
汎用コンピュータ	情報産業，金融機関や鉄道会社などの業務システムで利用される高性能コンピュータです。「メインフレーム」とも呼ばれます。
パーソナルコンピュータ	一般業務や家庭で幅広く使用される個人向けのコンピュータです。「パソコン」「PC」とも呼ばれます。デスクトップ型やモバイル型，ウェアラブル端末などの分類があります。
マイクロコンピュータ	家電製品や自動車などに組み込まれている超小型なコンピュータです。「マイコン」とも呼ばれます。

　本書では，主に「パーソナルコンピュータ」の基本操作と活用方法について学びます。

4　ハードウェア

　「ハードウェア（hardware）」とは，コンピュータの物理的な構成要素のことをいいます。コンピュータは，基本的に5種類のハードウェア（装置）から構成されます。

種　類	機　能	代表的な装置
演算装置	コンピュータの頭脳として，プログラムの命令にしたがって計算します。	CPU（中央演算処理装置），プロセッサとも呼ばれます。
制御装置	プログラムを解釈し，ほかの装置に命令を出します。	CPU（演算と制御の二つの機能をもつ）

記 憶 装 置	演算や制御などの処理に必要なデータを記憶します。「メインメモリ（主記憶装置）」と「記録媒体（補助記憶装置）」に分けられます。	メインメモリ：メモリ（RAM） 記録媒体：ハードデイスク，光デイスク（CDやDVDなど），フラッシュメモリ（USBメモリやSDカードなど）
入 力 装 置	コンピュータにデータを入力します。	キーボード，マウス，タッチパネル，スキャナ，カメラ，マイクなど
出 力 装 置	コンピュータの処理結果を出力します。	ディスプレイ，プリンタ，プロジェクター，スピーカーなど

 # 5　ソフトウェア

　「ソフトウェア（software）」とは，コンピュータを動作させる命令の集まり（プログラム）のことをいいます。ソフトウェアは大きく，ハードウェアの制御と基本的な操作を担うオペレーティングシステム（OSまたは基本ソフトとも呼ばれる）と，特定の目的を達成するためのアプリケーションソフトウェア（アプリまたは応用ソフトとも呼ばれる）の2種類があります。

(1)　OSの種類

　OSはコンピュータを動作させるための土台となるソフトウェアです。コンピュータの各種の装置とデータを利用するための管理を行い，アプリケーションソフトウェアの操作環境などを提供します。OSにはさまざまな種類がありますが，代表的なものは次のとおりです。

種　　類	概　　　　要
Windows	米マイクロソフト社が1981年から開発・販売するパーソナルコンピュータ向けのOSです。現在，OS市場では最も大きいシェアを有しています。
Mac OS	米アップル社が1984年から開発・販売するパーソナルコンピュータMacintosh向けのOSです。現在，OS市場では2番目のシェアを有しています。

UNIX	米AT&T社のベル研究所が開発したOSです。初期バージョンは1969年に公開され，高い安定性から，多くの大規模システムに採用されています。OSは無償で提供されているため，多くの派生OSの生みの親でもあります。
Linux	リーナス・トーバルズ氏が開発したOSです。1991年に初期バージョンが公開されました。高い安定性かつOSS（オープンソースソフトウェア）で無償で利用できることから，スーパーコンピュータから携帯電話までさまざまな情報機器で使われています。

(2)　アプリケーションソフトウェアの種類

　アプリケーションソフトウェアは，テキスト編集や表計算，画像編集など特定の目的を達成するために，コンピュータを応用するプログラムです。一般業務で利用されている代表的なものは次のとおりです。

種　　類	用　　途
ワープロソフト	多様な用途に合わせて文書の作成，編集，印刷するためのソフトウェアです。現在利用できる主なものは，Microsoft Word（マイクソフト社）やPages（アップル社）などがあります。
表計算ソフト	数値データの集計・分析のためのソフトウェアです。関数による計算機能と表・グラフなどの作成機能が充実しています。現在利用できる主なものは，Microsoft Excel（マイクソフト社）やNumbers（アップル社）などがあります。
プレゼンテーションソフト	スライドショー形式で文字，画像，音声，映像などの情報を表示するためのソフトウェアです。現在利用できる主なものは，Microsoft PowerPoint（マイクソフト社）やKeynote（アップル社）などがあります。
ウェブブラウザ	インターネット上のウェブページなどのさまざまなコンテンツを表示するソフトウェアです。現在利用できる主なものは，Microsoft Edge（マイクソフト社），Safari（アップル社），Chrome（グーグル社）などがあります。

 演　　習

　ご利用のコンピュータの種類，OSの種類およびバージョン情報，インストールされている主なアプリケーションソフトウェアの種類および開発元について確認して，下表に記入しましょう。

項　　目	種　　類	開　発　元
コンピュータ		
OS		
アプリケーション ソフトウェア		

Lesson 2

インターネットの仕組みと
情報セキュリティ

 ## 1　今回学ぶこと

毎日の生活のなかでインターネットよく利用されています。イン
ターネットとはいったい何なのでしょうか？今回は，インターネッ
トの仕組みと基本的な技術，さらに安全に利用するためのセキュリ
ティ対策を学びます。

 ## 2　ネットワーク

情報社会では，ネットワークは必要不可欠な基盤です。ここでいう「ネットワー
ク」とは，コンピュータが相互に接続して情報のやりとりをする仕組みのことです。
代表的なネットワークとして，次のようなものがあります。

(1)　LAN（Local Area Network）

LANとは，建物内や敷地内といった狭い範囲でコンピュータ同士を結んだネット
ワークのことです。構内通信網とも呼ばれ，企業や家庭などで幅広く利用されていま
す。

LANの接続方法には，ケーブルでつなぐ有線LANと，電波などで接続する無線
LANがあります。私たちが学校や飲食店などで利用する「Wi-Fi」も無線LANの一
種です。

(2)　WAN（Wide Area Network）

　WANとは，地理的に遠く離れたLANとLANを結んだネットワークのことです。広域通信網とも呼ばれます。LANとLANの接続には，電気通信事業者の回線網（海底ケーブルや衛星通信など）を利用する必要があります。

(3)　インターネット

　インターネットとは，前述のLANとWANが相互に接続した世界規模のネッワークのことです。一般的に，インターネットへの接続には，インターネットサービスプロバイダー（ISP）と契約して，その接続サービスを利用することが必要です。

 # 3　インターネットの仕組み

　ここでは，インターネットで使われている基本技術について確認しましょう。

(1)　IPアドレス

　IPアドレスとは，インターネットに接続されたコンピュータなどの情報機器に割り振られた識別番号です。インターネット上の「住所」に相当するもので，「123.456.789.12」のように，1台1台に重複しない番号が付けられます。情報機器の特定やデータ通信の管理のために利用されています。IPアドレスを指定することで，インターネット上の特定のコンピュータへの接続が可能になります。

(2)　ドメイン名

　インターネット上のコンピュータを特定し，接続するためにIPアドレスが使われていますが，長い数字の羅列ですので，人間にとっては利用しやすいものではありません。ドメイン名とは，人間がIPアドレスを扱いやすくするために，IPアドレスに特定の名称をつけたものです。このIPアドレスとドメイン名を対応させて管理する仕組みは，DNS（Domain Name System）といいます。

　たとえば，IPアドレス「123.456.789.12」を「example.co.jp」というドメイン名

に対応させた場合は，「.jp」がトップドメインと呼ばれ，国別を意味し，「.co」が第
2レベルドメインと呼ばれ，会社などの組織別を意味します。

(3) WWW（World Wide Web）

　WWWとは，インターネットで文字，画像，音声，映像などのコンテンツを公開・
視聴するための仕組みです。Web（ウェブ）とも呼ばれます。普段，私たちが閲覧
するウェブサイト（通称：ホームページ）もこの技術によって作られています。

(4) URL

　URLとは，「Uniform Resource Locator」の略で，インターネット上のリソース
（テキスト，音声や映像など）を特定するための表示方法です。IPアドレスの代わ
りにドメイン名でアクセスできるようになっています。

(5) Cookie（クッキー）

　Cookieとは，ウェブサイトに訪問したユーザーのデータを記録するための仕組み
のことです。Cookieの働きによって，そのユーザーに合わせた設定でウェブページ
を表示させるなど，閲覧の利便性を高めることができます。また，ユーザーに適した
広告配信を行うことで収益を向上させることもできます。

 4　情報セキュリティ

　情報社会において，個人情報などの情報資産を守り，安全にインターネットを活用
することは欠かせません。このような情報セキュリティへの取組みは，情報機器の操
作においては非常に重要な部分となります。

(1) 情報資産と情報セキュリティ

　情報資産とは，個人や組織にとって守るべき価値がある情報のことです。具体的に
は，氏名・住所・電話番号・年齢などの個人情報や，組織の顧客情報，知的財産情報，
人事情報などがあります。

　情報セキュリティとは，前述のような個人や組織がもつ情報資産を守り，安全な状態に維持することです。個人情報や企業情報が外部に漏れたり，重要なデータが改ざんされるなど，重大かつ深刻な事態が発生しないように情報資産を管理しなければなりません。

⑵　情報セキュリティの脅威

　情報セキュリティの分野でいう「脅威」とは，情報資産を脅かし，損害を与える要因のことです。たとえば，不正アクセスによる情報漏洩や，災害による情報機器の破損などが考えられます。これらの脅威を大きく，①物理的脅威，②技術的脅威，③人的脅威の３つに分類することができます。

種　　類	概　　　要
物理的脅威	火災，水害や地震などの災害によって情報機器と情報資産が損害を受ける脅威（コンピュータやデータの破損など）。
技術的脅威	技術的な手段による脅威（コンピュータウイルスの感染など）。
人的脅威	人的原因で起きる脅威（誤転送やパスワードの紛失など）。

●マルウェア（Malware）
　マルウェアとは，悪意のあるソフトウェアの総称です。代表的なマルウェアは次のようなものがあります。

種　　類	概　　　要
コンピュータウイルス	データの改ざんや削除，コンピュータの乗っ取りなど，利用者が意図しない不正な動作を引き起こす。
スパイウェア	利用者が気づかないうちにコンピュータにインストールされ，個人情報などが収集され，外部に送信される。
ランサムウェア	勝手に利用者のコンピュータのデータを正常にアクセスできないように暗号化し，もとに戻すための代金を要求する。

⑶ 情報セキュリティの３大要素とその対策

　情報セキュリティの大事な役割は，情報資産の機密性，完全性，可用性を確保することです。この３つのことを，情報セキュリティの「３大要素」と呼びます。

種　　類	概　　　　　要
機　密　性	許可された利用者だけがデータにアクセスできること。
完　全　性	データが完全な状態で維持されていること。
可　用　性	必要なときにデータのアクセスが可能であること。

　また，情報セキュリティ対策は，前述の３大要素にあわせて，①物理的セキュリティ対策，②技術的セキュリティ対策と③人的セキュリティ対策に分類されます。

種　　類	概　　　　　要
物理的セキュリティ対策	物理的脅威から情報資産を守り，建物や設備の破損や盗難などを防ぐための対策（入退室管理，盗難防止，耐震耐火対策など）。
技術的セキュリティ対策	技術的脅威から情報資産を守り，マルウェアなどによるサイバー攻撃を防ぐための対策（セキュリティソフトやファイアウォールの導入，ID・パスワード管理など）。
人的セキュリティ対策	技術的脅威から情報資産を守り，人の過失や不正行為などによって起こされる被害を防ぐための対策（情報セキュリティ教育・監査，役割分割によるアクセス管理など）。

演　　習

　ご利用のコンピュータのOSがアップデートされているか，ウイルス対策ソフトの導入と更新が行われているか，パスワードの使いまわしがあるかについて確認して，下表に記入しましょう。

項　　目	YES	NO
OSのアップデート		
ウイルス対策ソフトの導入と更新		
パスワードの使いまわし		

Windows・MacOSの 基本操作と電子メールの活用

 ## 1　今回学ぶこと

　今回は，WindowsとMacOSの基本操作と電子メールの活用について学びます。WindowsとMacOSは，次々と新しいバージョンに置き換えられていますが，現時点において公式にサポートされているバージョンであれば，重要な基本操作は共通しています。そのため，本書で学ぶ内容は，WindowsとMacOSのバージョンの違いと関係なく活用できるように構成されています。

 ## 2　WindowsとMacOSの基本操作

(1)　マウスとタッチパットの基本操作

　WindowsとMacOSは，グラフィック・ユーザー・インターフェースー（GUI）という視覚的な操作方法を採用しており，多くの操作はマウスやタッチパッド（ノートパソコンの場合）で行うことができます。
　マウスとタッチパッドは共通して，左クリック，右クリックの機能を備えています。マウスやタッチパッドを動かすと，パソコンのディスプレイで「ポインタ」が動きます。「ポインタ」を使って画面上のアイコンを選択したい場合は，「左クリック」1回のみ押します。アプリケーションを実行したい場合は，「左クリック素早く2回（ダブルクリック）」が必要となります。この操作は，WindowsとMacOSと共通して採

用されています。

　また，下図のように，「右クリック」を１回押すと，操作メニューを出すことがで
きます。Windows（下図〈上〉）とMacOS（下図〈下〉）におけるファイルのコピー
（複製）や貼り付け，削除などの基本操作のみならず，各種のアプリケーションの操
作においてもとても便利な機能ですので，是非いろいろ場面で活用してください。

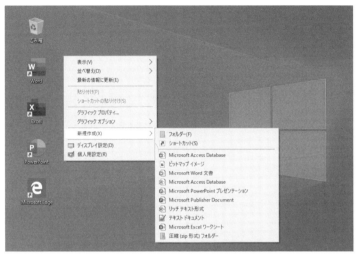

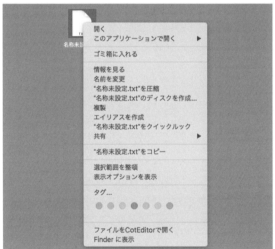

⑵ キーボードの基本操作

キーボードは，コンピュータを効率的に使うために欠かせない需要なツールです。WindowsとMacOSのキーボードには，アルファベット，数字，記号など文字を入力するキーや，特別な機能を使うためのファンクションキーが並んでいます。

キーボードを使った文字入力の正確さと速度を上げるためには，正しい入力フォームを身に着けることが大切です。まずは，「ホームポジション」を覚えて練習してみましょう。ホームポジションとは，下図のように左手の人差し指／中指／薬指／小指をそれぞれ［F］［D］［S］［A］キーに，右手の人差し指／中指／薬指／小指をそれぞれ［J］［K］［L］［；］キーに，両手の親指を［スペース］キー（キーボード中央下にある横長いキー）においてタイピングを始めることを指します。

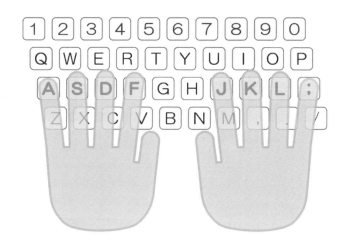

また，特別の機能があるキーとして，キーボード左上にある［Esc］キーを覚えておくと便利です。アプリケーションなどの操作を中断またはキャンセルしたい場合に利用できます。キーボードの右上にある［Backspace］キーと［Delete］キーは，文字の削除に頻繁に使います。さらに，［Enter］キー（キーボード右側の一番大きいキー）は，文字入力の際に「改行」，アプリケーション操作時に「実行」などを行う際に欠かせません。

　前述のようなキーボードの基本操作は，WindowsとMacOSと共通して採用されています。

(3)　文字入力モードの切り替え

　Windows（下図〈左〉）には，文字入力のためのモードが複数あります。コンピュータ画面の右下の入力モードアイコン（Microsoft IME）を右クリックして，現在利用中のモードを確認できます。一方，MacOS（下図〈右〉）では，コンピュータ画面の右上に入力モードの切り替えができるようになっています。［あ］のアイコンを左クリックまたは右クリック1回で入力モードが展開されます。

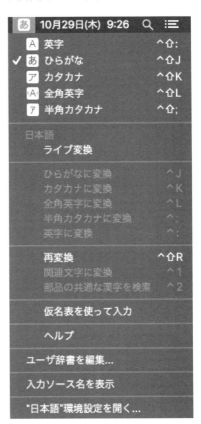

WindowsとMacOSは，共通して次のような入力モードが採用されています。

入力モード	概　　要
半角英数	キーボードに表示されたアルファベット／数字／記号を半角文字（幅が狭い）として入力する。
全角英数	キーボードに表示されたアルファベット／数字／記号を全角文字（幅が広い）として入力する。
ひらがな	ひらがなをローマ字入力する。
全角カタカナ	全角カタカナをローマ字入力する。
半角カタカナ	半角カタカナをローマ字入力する。

⑷　手書き文字入力

　Windowsを利用している場合，読み方のわからない文字を入力したいときは「IMEパッド」を使うと便利です。IMEパッドは先ほど紹介した入力モードアイコン（Microsoft IME）を右クリックして，メニューにある「IMEパッド」を左クリックして起動します。入力する際は，下図のように，マウスまたはタッチパッドを使って線をドラッグして書きます。右側から候補文字が表示されたら該当するものを選びます。

　しかし，MacOSの場合は現時点，標準の日本語入力モードにおいて手書き文字の認識に対応していません。

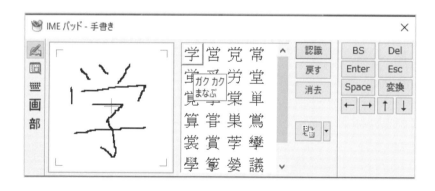

⑸　フォルダーによるファイル整理

　コンピュータ内のファイル数が増えてくると，分類して整理する必要が出てきます。その際に便利なのが「フォルダー」です。同じ種類の多数のファイルをラベル付きの「箱」に収納するイメージです。

　このようなファイル管理方法は，ディレクトリ管理と呼ばれます。WindowsとMacOSでは共通して採用されています。

　フォルダーを作成したい場合は，右クリックして操作メニューにある「新規作成」→「フォルダー」を左クリックして作成します。

　また，作成されたフォルダーの上で右クリックして「名前の変更」をクリックすると，箱のラベルを書き直すイメージでフォルダー名を変更できます。

　さらに，ファイル操作と同様に，フォルダーも，右クリックまたは操作メニューの「コピー（複製）」「貼り付け」機能を使うと，簡単に複製と場所の移動ができるようになります。

⑹　外部記憶媒体の利用

　記憶媒体とは，コンピュータの電源を切っても記憶内容を保持できる装置のことです。コンピュータに外付けする外部記憶媒体には，主にCD，DVD，SDカードやUSBメモリなどが利用されています。近年，データの保存や転送などに，持ち運びが便利なUSBメモリが広く使われています。しかし，USBメモリを安全に利用できないと，ファイルが破損したり消えたりするリスクがありますので，正しい扱い方を覚えましょう。特に，USBメモリの取り外しは非常に重要で，Windowsをシャットダウンしないで取り外す場合は，下図のように画面右下の通知領域にある「USBアイコン」をクリックし，「取り出し」をクリックし数秒待ってからUSBメモリ本体をコンピュータから外すようにしてください。

MacOSを利用する場合は，下図のようにデスクトップに表示されたUSBメモリの
アイコンを選択し，右クリックで展開されたメニューにある「取り出し」を選択しま
す。アイコンが消えてからUSBメモリ本体をコンピュータから外すようにしてくだ
さい。

 3　電子メールの活用

　情報社会において，電子メールが学校，企業，行政機関などあらゆる組織において
必要不可欠なコミュニケーションツールとなっています。そのため，電子メールの仕
組みを理解し，その活用方法を身につけることが非常に重要です。

⑴　電子メールの仕組み

　電子メールとは，インターネットを利用して特定の相手にメッセージを送ったり，自分宛のメッセージを受け取ったりする仕組みのことです。電子メールの宛先のことは「メールアドレス」と呼ばれます。例えば「username@example.co.jp」の場合は，「@（アットマーク）」をはさんで，左側にユーザ名「username」，右側にドメイン名「example.co.jp」で構成されます。

　電子メールで使用される代表的な通信プロトコルは，次のとおりです。

種　　　類	概　　　要
SMTP	「Simple Mail Transfer Protocol」の略で，電子メールをメールサーバに送信できる。
POP	「Post Office Protocol」の略で，メールサーバから電子メールを受信できる。
IMAP	「Internet Message Access Protocol」の略で，メールサーバにアクセスし，電子メールを管理・操作できる。

⑵　電子メールの書き方

①　重要な事項を最初に書く

　電子メールを書く際に，伝えなければならない重要な部分を，最初に記述するのが基本です。短時間で必要な情報が伝わる書き方が求められます。

②　具体的な件名

　電子メールの件名は，最初に目に留まるものですので，空欄になったりあるいは伝わらないものになったりすると，重要な用件であってもすぐに読んでもらえない可能性があります。

　件名をわかりやすくするためには，できるだけ重要なキーワードを入れて記述します。発信者と受信者の両方にとって，のちに検索しやすく時間を節約することができます。また，特に重要な電子メールや緊急に知らせる必要がある電子メールには，件名の先頭に「重要」または「緊急」のような言葉をいれる習慣を身につけましょう。

好ましい件名の例を，次に示しますので，参考にしてください。

元の件名	より好ましい件名（例）
お願い	情報機器の操作第5回課題の提出（氏名）
お知らせ	6月19日（金）より大学対面授業の再開のお知らせ
質問	「情報機器の操作」の出席調査についての質問

③ 1つの電子メールに1つのテーマで書く

1つの電子メールには，1つのテーマを記述するのが基本です。1つの電子メールに複数のテーマがあるときは，メール文を分けて送るようにしましょう。そうすることによって，件名と中身が一致し，内容がわかりやすいものとなります。また，発信・受信した電子メールを分類して保管や検索するときも便利です。

④ 短い文や箇条書きを活用

パソコンやスマホの画面の大きさを意識して，1文は短くしたほうが読みやすいです。1文の長さの目安は，平均すると30から40文字程度が好ましいです。

また，箇条書きは電子メールに合った表現方法です。長い文より情報がより簡潔に整理できますので，読み手も項目ごとに確認しながら読み進むことができます。

⑤ 段落と空行を設ける

わかりやすい電子メールを作るためには，段落を明確に分け，さらに段落間は1行を開けることを意識しましょう。なぜなら，多くの文がつながっている状態は，パソコンやスマホなどの画面上では読みにくくなり，よく理解してもらえない恐れがあるからです。

(3) 内部・外部向けの電子メール

電子メールは，個人のみならず組織内外との連絡にも広く利用されています。ただし，内部向けと外部向けに異なる表現方法が求められるので注意しましょう。

① 　内部向け電子メール

　学校や企業などの組織において，面談や電話，紙の文書，電子メール，内部SNSなど多様なコミュニケーション手段がある中で，そのときの状況や共有のしやすさなどに応じてもっとも適したものが使われます。

　内部向け電子メールを利用する場合は，仕事の効率を最優先に考えます。そのため，内部向けの電子メールは，受信者の宛名を入れて，発信者を名乗ってすぐに用件を記述します。挨拶を入れる場合は，「お疲れ様です」「お世話になっております」といった程度の軽いものにすべきです。また，文末には，「よろしくお願いします」と忘れずに入れましょう。

② 　外部向け電子メール

　外部向けには，案内，お礼，お詫びなどの場合において電子メールが広く使われています。ただ，内部向けとは異なった気配りが必要となります。ある組織から発信した電子メールを受け取った場合は，発信者個人からの電子メールではなく，「○○大学」や「○○会社」の○○さんからの電子メールと認識されます。そのため，受信者は個人に対してだけではなくその組織に対しての印象がメールの内容によって変わる可能性があります。失礼のないよう十分に注意しましょう。

(4)　同報メール

　電子メールの利用では，同報メールの正しい利用方法の習得は非常に重要です。同報メールとは，同じメッセージを複数の人に一度に送るメールのことです。宛先の指定方法として，次の3種類があります。

種　　　類	概　　　要
To	受信者の宛先を指定する。メールアドレスは受信者全員に表示される。
Cc	関係者など，メッセージを参照してほしい相手を指定する。メールアドレスは受信者全員に表示される。
Bcc	ほかの受信者に知られずに，メッセージを参照してほしい相手を指定する。メールアドレスはほかの受信者に表示されない。

Lesson 4

Word演習⑴
基本的なビジネス文書の作成

 ## 1　今回学ぶこと

　まずWindows版のWordの起動とその操作画面，基本的な機能について確認します。次に，ビジネス文書の基本形の作成方法を学び，演習問題で実践し，作成した文書の保存と印刷方法を身につけます。

 ## 2　Wordの起動と基本操作

⑴　Wordの起動

　Windowsの［スタート］ボタンをクリックし，アプリ一覧から「Word」をクリックして起動します（下図参照）。また，デスクトップに「Word」のショットカットアイコンがある場合は，それをダブルクリックして起動することもできます。

⑵　Wordの操作画面

　Wordの起動画面にある［白紙の文書］を選択すると，文書作成と編集の画面が表示されます。画面の上部は，多様な機能が切り替え可能な［タブ］形式でまとめられています。画面の下部は，入力のためのエリアと，文書のページ数や文字数などのステータスバーや，ズームスライダーなどで構成されています（下図参照）。

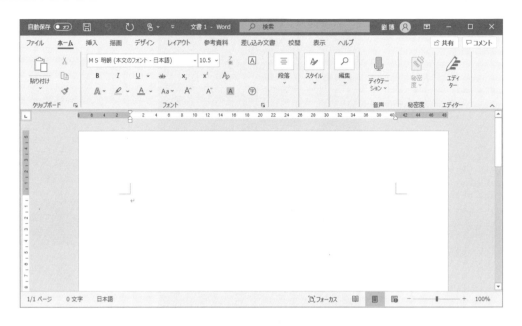

(3) Wordの基本的な機能

- ・ ［ファイル］タブ：文書の新規作成，保存，印刷や，Wordアプリケーションの設定などができます。
- ・ ［ホーム］タブ：入力文字のフォントの設定，段落の設定，スタイルの設定などができます。
- ・ ［挿入］タブ：表，図，映像などのマルチメディアコンテンツの挿入，ページ番号の設定，定型文，特殊記号やテキストボックスの挿入などができます。
- ・ ［デザイン］文書全体のテーマの設定と変更，透かしやページ色，ページ罫線などの設定と変更ができます。
- ・ ［レイアウト］タブ：文書の余白，サイズ，段組みや印刷の向きなどの設定ができます。
- ・ ［参考資料］タブ：脚注や引用文献の挿入，索引や引用文の登録，目次の作成などができます。

など

3　ビジネス文書の入力

【完成例】

株主の皆様へ

20XX 年 6 月 1 日
株式会社夢の国
代表取締役　○○　○○

第○○期定時株主総会　招集ご通知

拝啓　平素は格別のご高配を賜り厚く御礼申し上げます。
　さて、当社第○○期定期株主総会を下記のとおり開催いたしますので、ご出席くださいますようお願い申し上げます。
　なお、当日ご出席いただけない場合は、インターネットまたは郵送等によって議決権を行使することができますので、お手数ながら後記参考書類をご検討のうえ、20XX 年 6 月 25 日（木）午後 5 時までに議決権をご行使くださいますようお願い申し上げます。

敬具

記

日時　20XX 年 6 月 26 日（金）午前 10 時
場所　千葉県浦安市舞浜 1 番地
報告事項　第○○期（20XX 年 1 月 1 日から 12 月 31 日まで）
事業報告、連結計算書類および計算書類の内容ならびに
会計監査人および監査役会の連結計算書類監査結果報告の件
決議事項　第 1 号議案　剰余金の処分の件
第 2 号議案　取締役および監査役選任の件

以上

ご注意
　株主さま以外の方はご出席いただけませんので、ご注意願います。なお、代理人により議決権を行使される場合は、議決権行使書とともに代理権を証明する書面をご提出くださいますようお願い申し上げます。

（1）　上記の文例をWordに入力（目安：20分間）

（2）　文書の保存

　①　［ファイル］タブを選択して，［名前を付けて保存］をクリックします。
　②　保存場所を［デスクトップ］に指定して，名前を付けて保存します。

4　ビジネス文書のデザイン（目安：20分間）

【完成例】

株主の皆様へ

20XX 年 6 月 1 日
株式会社夢の国
代表取締役　○○　○○

第○○期定時株主総会　招集ご通知

拝啓　平素は格別のご高配を賜り厚く御礼申し上げます。

　さて、当社第○○期定時株主総会を下記のとおり開催いたしますので、ご出席くださいますようお願い申し上げます。

　なお、当日ご出席いただけない場合は、インターネットまたは郵送等によって議決権を行使することができますので、お手数ながら後記参考書類をご検討のうえ、20XX 年 6 月 25 日（木）午後 5 時までに議決権をご行使くださいますようお願い申し上げます。

敬具

記

1.　日　　時　20XX 年 6 月 26 日（金）午前 10 時
2.　場　　所　千葉県浦安市舞浜 1 番地
3.　報告事項　第○○期(20XX 年 1 月 1 日から 12 月 31 日まで)
　　　　　　　事業報告、連結計算書類および計算書類の内容ならびに
　　　　　　　会計監査人および監査役会の連結計算書類監査結果報告の件
4.　決議事項　第 1 号議案　剰余金の処分の件
　　　　　　　第 2 号議案　取締役および監査役選任の件

以上

ご注意

　株主さま以外の方はご出席いただけませんので、ご注意願います。なお、代理人により議決権を行使される場合は、議決権行使書とともに代理権を証明する書面をご提出くださいますようお願い申し上げます。

＜次の操作方法を参考に文書をデザインしよう＞

(1) 文書の左右の余白を「33mm」に設定

【操作方法】

① ［レイアウト］タブを選択します。

② ［ページ設定］グループの［余白］タブを選択します。

③ ［ユーザー設定の余白］を選択します。

④ ［余白］の［左］と［右］をそれぞれ33mmに設定します。

⑤ ［OK］をクリックします。

⑵　日付・発信者を「右揃え」に設定

【操作方法】

①　編集部分をカーソルで選択します。

②　［ホーム］タブにある［段落］グループの［右揃え］を選択します。

⑶　文書タイトルを「中央揃え」に設定し「強調」する

【操作方法】

①　タイトルをカーソルで選択します。

②　［ホーム］タブにある［段落］グループの［中央揃え］を選択します。

③　［ホーム］タブにある［フォント］グループのフォント種類で［MSゴシック］
を選択します。

④　同じ＜フォント＞グループにある文字サイズを「10.5」から「16」に設定しま
す。

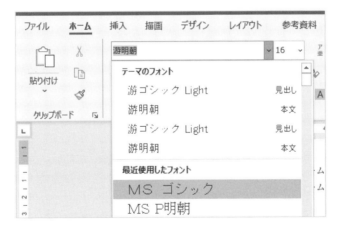

⑷ 日時，場所，報告事項，決議事項を「均等割り付け」に設定

【操作方法】

① 文書にある「日時」「場所」「報告事項」「決議事項」をキーボードの［Ctrl］キーを押したまま，カーソルで選択します。

② ［ホーム］タブにある［段落］グループの［均等割り付け］を選択します。

③ 設定画面の［新しい文字列の幅］を［4字］に設定します。

④ ［OK］をクリックします。

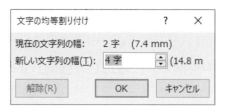

⑸ 記書きの部分に段落番号を設定

【操作方法】

① 「開催日……直通)」までの記書きをカーソルで選択します。

② ［ホーム］タブにある［段落］グループの［箇条書き］を展開します。

③ ［1．2．3．］の形式を選択します。

⑹　ご注意の部分の上に分割線を追加

【操作方法】
＜図形を利用する場合＞
　［挿入］タブにある［図］グループの［図形］機能を展開し，［線］を選択し，該当場所にマウスで追加します。
＜キーボードを利用する場合＞
　「ーーー」と連続入力して，＜Enter＞キーを２回押すことで自動で横線を引くことができます。

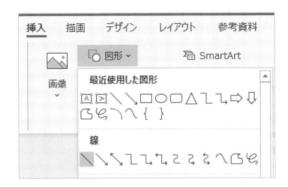

⑺　文書の上書き保存

　［ファイル］タブを選択して，＜上書き保存＞をクリックします。

Word演習⑵
表のあるビジネス文書の作成

 1　今回学ぶこと

　ビジネス文書では，個数や金額などの数値データをわかりやすく
説明するために表を利用することがよくあります。今回は，Word
を使用して表の作成，編集を学び，企業が公開する有価証券報告書
の例を演習問題に実践します。

 2　Wordで表を作成しよう

⑴　［表］機能の利用

　Word操作画面にある［挿入］タブの［表］機能を選択し，○行×○列の表を簡単
に作成できます。また，［表の挿入］機能を選択し，希望の行数と列数を設定して表
を作成することもできます。

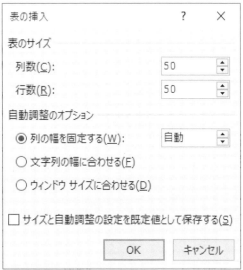

(2)　行と列の追加・削除とセルの結合・分割

　下図のように，作成済みの表を選択すると，操作画面の右上に［テーブルデザイン］と［レイアウト］のタブが表示されます。［レイアウト］タブにある［行と列］の機能を使い，自由に行と列の追加と削除ができます。また，［結合］機能を利用し，複数のセルを1つのセルに結合することや，1つのセルを複数のセルに分割することができます。

(3)　表のデザイン変更

　下図のように，作成済みの表を選択すると，［テーブルデザイン］タブが表示されます。［テーブルデザイン］タブの［表のスタイル］機能を利用すると，表の色や罫

線などの見栄えを簡単に変えることができます。

(4) データの自動計算

　下図のように，作成済みの表を選択すると，［レイアウト］タブが表示されます。［レイアウト］タブの［データ］機能を利用すると，個数や金額などの数値データの並び替えや関数による自動計算ができます。

3　有価証券報告書の一部を作成してみよう（目安：20分間）

【完成例】

株式会社夢の国
有価証券報告書

【従業員の状況】
提出会社の状況
20XX 年 12 月 31 日

従業員数（人）	平均年齢（歳）	平均勤続年数（年）	平均年間給与（円）
4,825（15,121）	39.8	10.6	7,066,350

連結会社の状況

セグメントの名称	従業員数（人）	
テーマパーク	5,750	（16,260）
ホテル	2,012	（980）
その他	296	（623）
合計		

（注）
（）内には外数で今年度の平均臨時雇用者数を記載しております。臨時雇用者数につきましては、総労働時間を社員換算して算出しております。
平均年間給与は税込支払給与額であり、基準外賃金及び賞与を含んでおります。

⑴　Wordを起動して，表以外の文書を入力

　［ホーム］タブの［フォント］機能を使って，フォントの種類を「MS明朝」に，サイズを「10.5」に設定します。

⑵　表の挿入と数字データなどの入力

【操作方法】
①　［挿入］タブの［表］機能を使い，文例にある2つの表（2行×4列，5行×3列）をそれぞれ作成します。
②　人数や金額の数字データを入力する際に，千の桁に「，（カンマ）」を入れますが，かならず半角英数で入力します。全角数字・記号で入力すると，のちに利用する関数による自動合計ができなくなりますので注意しましょう。

⑶　文書を保存

　［ファイル］タブの［名前を付けて保存］機能を使い，文書を保存します。

4　表のデザイン（目安：20分間）

【完成例】

株式会社夢の国

有価証券報告書

【従業員の状況】

提出会社の状況

20XX 年 12 月 31 日

従業員数（人）	平均年齢（歳）	平均勤続年数（年）	平均年間給与（円）
4,825（15,121）	39.8	10.6	7,066,350

連結会社の状況

セグメントの名称	従業員数（人）	
テーマパーク	5,750	（16,260）
ホテル	2,012	（980）
その他	296	（623）
合計	8,058	（17,863）

（注）

1.　（）内には外数で今年度の平均臨時雇用者数を記載しております。臨時雇用者数につきましては、総労働時間を社員換算して算出しております。

2.　平均年間給与は税込支払給与額であり、基準外賃金及び賞与を含んでおります。

(1) 作成者と「有価証券報告」を右揃えにする

　ビジネス文書全般にいえることですが，作成者，組織や日付など情報は右揃えが基本です。

(2) 「従業員の状況」「提出会社の状況」「連結会社の状況」を強調する

　上記の3つの項目はタイトルにあたりますので，フォント種類を「MSゴシック」に，必要に応じてフォントサイズを引き上げ，太字に設定します。

(3) 注書きの内容に段落番号を振る

　文書の末尾にある（注）の本文2段落に段落番号を付けます。［ホーム］タブの［段落］グループにある［段落番号］機能を利用します。

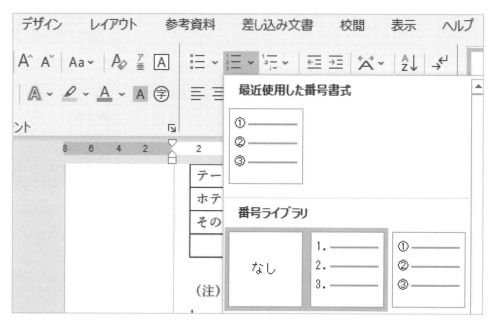

⑷　セルを結合する

　2番目の表にある「従業員数（人）」のセルとその右側のセルを1つのセルに結合します。

　下図のように，まず結合したい2つのセルをマウスで選択し，表の［レイアウト］タブにある［結合］グループの［セルの結合］機能をクリックします。

⑸　表の項目名と数字を中央揃えにする

　完成例を参考に，表の項目名と数字データを「中央揃え」に設定します。下図のように，設定対象を選択し，表の［レイアウト］タブにある［配置］グループの［中央揃え］アイコンをクリックします。

⑹　合計をSUM関数で求める

　完成例のように，2つ目の表にある「従業員数（人）」の合計2つをWordのfx計算式で求めます。下図のように，合計欄をクリックしてから，表の［レイアウト］タブにある［データ］グループの［fx計算式］を選択します。設定画面の計算式に「＝SUM（ABOVE)」を入力して，［OK］をクリックします。

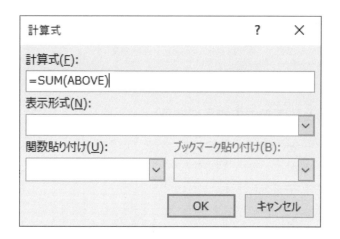

(7) 文書を上書き保存

作成した文書を［ファイル］タブの［上書き保存］機能を使って保存します。

Lesson 6

Word演習⑶
図のあるビジネス文書の作成

 ### 1　今回学ぶこと

　ビジネス文書では，複雑な関係をわかりやすく説明するためには「図解」がよく用いられます。Wordには，手順や階層構造などの図解を容易に作成できる「SmartArt」機能があります。今回は，この「SmartArt」機能の利用方法と作成練習を中心に学びます。

 ### 2　Wordで「SmartArt」を活用しよう

⑴　SmartArtの挿入

　下図のように，Wordの［挿入］タブにある［図］グループの［SmartArt］を選択すると，たくさんの種類のSmartArtが表示されます。主にリスト，手順，循環，階層構造，マトリックスやピラミッドなどがあります。必要なものを選択し，［OK］をクリックします。

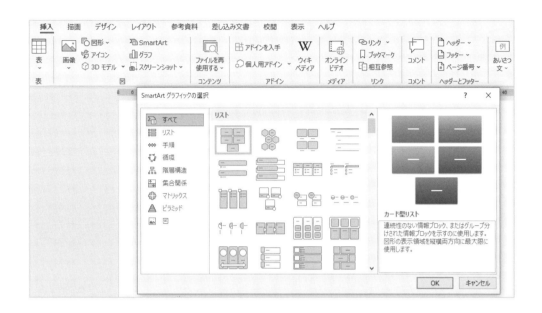

⑵　SmartArtのデザイン変更

　Wordでは，SmartArtのデザイン変更が容易にできます。作成されたSmartArtを選択し，下図のように，[SmartArtのデザイン] タブと [書式] タブを使い，SmartArtのレイアウトはもちろん，色，塗りつぶしや枠線など細かい設定もできます。

3 図のあるビジネス文書の作成（目安：20分間）

【完成例】

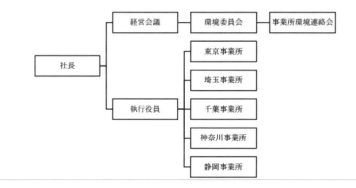

○○年6月1日

社員各位

環境委員会

環境マネジメント体制の構築に関する報告

＜環境管理体制＞

　地域環境に加え、地球規模の環境改善も最重要課題と位置づけ、「環境保全行動指針」に基づき全社として組織を構成し、環境保全対策を推進しています。

1. 本年度からは「環境委員会」および「事業所環境連絡会」を開催しています。
2. 重大な災害、事故が発生した場合には「危機管理委員会」を設置し、迅速に適正な対応が行える体制を構築しています。
3. コンプライアンスを強化し、違法行為の発生を防止することを目的に「コンプライアンス委員会」を設置しています。

⑴ 文書の入力

　まず，上記文例の文章部分をWordで入力しましょう。

(2)　SmartArtの挿入

　完成例にある環境管理体制図は，階層構造の組織図です。［挿入］タブの［図］グループにある［SmartArt］をクリックし，下図のように，［階層構造］にある［水平方向の組織図］を選択して［OK］をクリックします。

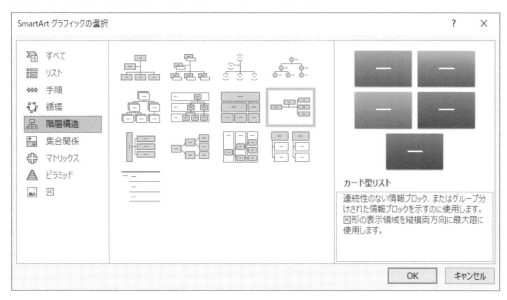

(3)　SmartArtの文字入力と編集

　SmartArtに文字入力する場合は，下図〈上〉のように左側の編集ボックスを使って入力します。また，下図〈下〉のように組織の階層関係を変更したい場合も，編集ボックス内で右クリックして「レベル上げ」や「移動」などで変更できます。

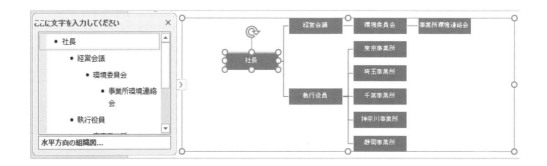

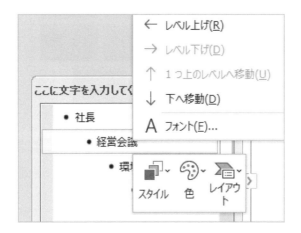

⑷ SmartArtのデザイン変更

　完成例にある組織図のように，SmartArtのデザインを白黒スタイルに変更します。
SmartArtを選択し，下図のように，[SmartArtのデザイン] タブにある [色の変
更] 機能を利用し，[ベーシック] スタイルをクリックします。

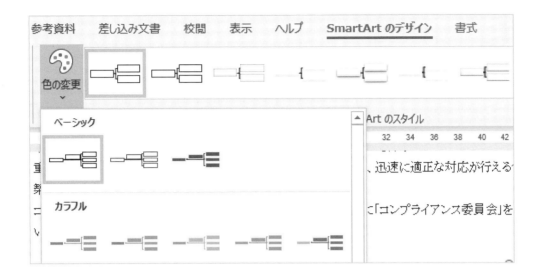

(5)　文書の保存

　作成した文書を［ファイル］タブにある［上書き保存］機能を使って保存します。

 演　習

【完成例】

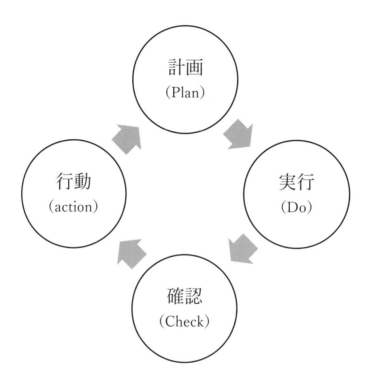

　これまでの学習内容を応用し，上記の完成例のようなPDCAサイクル図をWordの「SmartArt」機能を用いて作成してみましょう。

Lesson 7

Excel演習(1)
ビジネスデータ集計の基本

 1　今回学ぶこと

　企業などの組織では，商品の個数や参加者の人数，売上の金額などの数値データを集計・分析する際に，Microsoft社のExcelが幅広く利用されています。今回は，Excelの起動，表の作成や計算の基本方法を学びます。スクリーンショットは，MacOS版のExcelを利用している際のものですが，WindowsのExcelでも基本操作方法は共通しています。

 2　Excelの起動と基本操作

　MacOSを利用している場合は，コンピュータ画面の下部の［Dock］にあるショートカットを利用するか，下図のように［Finder］を左クリックし，［アプリーション］フォルダにある［Microsoft Excel］をダブルクリックして起動します。

　Windowsを利用している場合は，Wordと同様にデスクトップにあるショートカットを利用するか，スタートボタンをクリックし，アプリケーション一覧からExcelを左クリックして起動します。

【操作画面】

　Excelの操作画面は，Wordのそれと共通して，画面上部は編集機能がまとめられています。下図のように，たくさんの編集機能が切り替え可能なタブ形式となっています。画面中央部は入力キャンバスで，セルの集まりでABC……列と123……行からとなっています。また，「Sheet（シート）」の追加・削除・切り替えもできます。画面下部はステータスバーで，ズームスライダーを使って画面の拡大と縮小，閲覧モードの変更などができます。

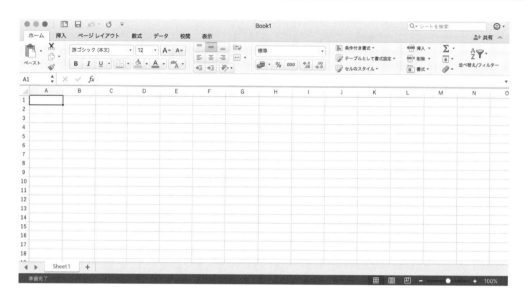

 ## 3 セルに入力して表を作成してみよう（目安：10分間）

それでは，Excelを使い，ビジネスデータの集計を実際にやってみましょう。

【完成例】

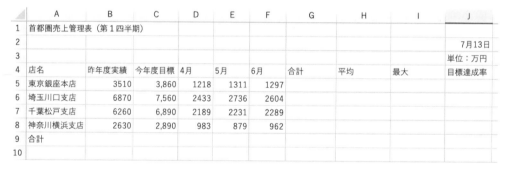

	A	B	C	D	E	F	G	H	I	J
1	首都圏売上管理表（第1四半期）									
2										7月13日
3										単位：万円
4	店名	昨年度実績	今年度目標	4月	5月	6月	合計	平均	最大	目標達成率
5	東京銀座本店	3510	3,860	1218	1311	1297				
6	埼玉川口支店	6870	7,560	2433	2736	2604				
7	千葉松戸支店	6260	6,890	2189	2231	2289				
8	神奈川横浜支店	2630	2,890	983	879	962				
9	合計									
10										

4　表のデザインを変更してみよう（目安：10分間）

次に，Excelの編集機能を使って，表のデザインを変更してみましょう。

【完成例】

	A	B	C	D	E	F	G	H	I	J
1				首都圏売上管理表（第1四半期）						
2										7月13日
3										単位：万円
4	店名	昨年度実績	今年度目標	4月	5月	6月	合計	平均	最大	目標達成率
5	東京銀座本店	3,510	3,860	1,487	1,311	1,297				
6	埼玉川口支店	6,870	7,560	2,433	2,736	2,604				
7	千葉松戸支店	6,260	6,890	2,189	2,231	2,289				
8	神奈川横浜支店	2,630	2,890	983	879	962				
9	合計									
10										

【操作方法】

① 表タイトルを強調する

　下図のように，表のタイトル［A1］セルを選択して，［ホーム］タブにあるフォント種類を「MSゴシック」に変更します。それから，フォントサイズを14ポイント前後に適切に大きくします。続けて，下図のように［ホーム］タブにある［セルを結合して中央揃え］をクリックし，表タイトルの位置を調整します。

② 表に罫線を追加する

　表の［A4］セルから［J9］セルまでの範囲を選択し，下図のように［ホーム］タ

ブにある［罫線］機能を展開し，［格子］をクリックします。，また，セルに斜線を引きたい場合も，［罫線］機能のうち［その他の罫線］で実現できます。

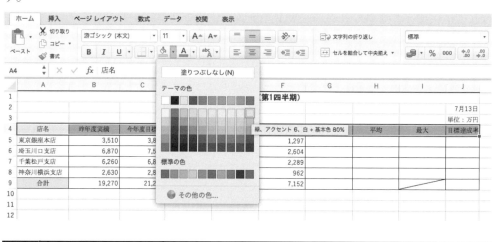

③　表の塗りつぶし（背景色）を変更する

　表の［A4］セルから［A9］セルまでの範囲および［A9］セルを選択し，下図のように［ホーム］タブにある［塗りつぶし］機能を展開し，適切な色をクリックします。

④　数値の形式と配置を変更する

　Excelは多種多様な数値データ形式に対応しています。金額の場合は，3桁ごとに「，（カンマ）」を追加し，セルの右側に配置するのが一般的です。下図のように，［ホーム］タブの右側にある［数値の表示形式］機能を利用し，［通貨］をクリックします。

5　便利な関数を利用してみよう

　Excelには，数値の合計・平均・最大値・最小値などの計算が簡単にできるようにたくさんの関数が用意されています。次の例では，もっとも多く利用されているものを実際に使ってみましょう。

【完成例】

	A	B	C	D	E	F	G	H	I	J
1	首都圏売上管理表（第1四半期）									
2										7月13日
3										単位：万円
4	店名	昨年度実績	今年度目標	4月	5月	6月	合計	平均	最大	目標達成率
5	東京銀座本店	3,510	3,860	1,487	1,311	1,297	4,095	1,365.0	1,487	106%
6	埼玉川口支店	6,870	7,560	2,433	2,736	2,604	7,773	2,591.0	2,736	103%
7	千葉松戸支店	6,260	6,890	2,189	2,231	2,289	6,709	2,236.3	2,289	97%
8	神奈川横浜支店	2,630	2,890	983	879	962	2,824	941.3	983	98%
9	合計	19,270	21,200	7,092	7,157	7,152	21,401	7,133.7		101%
10										

【操作方法】
①　合計を求める関数

　東京銀座支店の4月から6月までの合計を求めるためには，下図のように［D5］から［F5］までのセルを選択し，［数式］タブにある［オートSUM］ボタンを展開し，

［合計］関数をクリックします。ほかの支店の合計を求める計算方法も同じですので，［G5］セルを選択し，セル枠の右下の黒点をクリックしたまま［G8］セルまで引き延ばしします。このように自動計算できる機能のことは，「オートフィル」と呼ばれます。前述の要領を使って4月・5月・6月の全店舗の合計を求めてみてください。

② 平均を求める関数

次に，各店舗の4月から6月の売上金額の平均を求めます。［数式］タブにある［オートSUM］ボタンを展開し，［平均］関数を利用します。

③ 最大値を求める関数

続けて，各店舗の4月から6月の売上金額の最大値を求めます。［数式］タブにある［オートSUM］ボタンを展開し，［最大値］関数を利用します。

④ 目標達成率を求める関数

最後に，各店舗の対今年度目標の達成率を求めます。目標達成率とは，目標に対して実績の達成状況をパーセンテージ（％）で表したものです。計算式は次のとおりです。

$$目標達成率＝実績値÷目標値$$

　目標達成率の場合は，下図のように［関数エリア］に計算式［G5／G9］を直接入力する必要があります。ただし，他の店舗の目標達成率の計算でオートフィル機能を使うためには，分母を固定して「絶対参照」する必要があります。具体的には，キーボードの［F4］キーを使い，「＄」記号で分母を囲むと完了します。下図のように，計算式を［＝G5／＄G＄9］で入力して完成させましょう。

	ホーム	挿入	ページ レイアウト	数式	データ	校閲	表示				

SUM　fx　=G5/$G$9

	A	B	C	D	E	F	G	H	I	J
1	首都圏売上管理表（第1四半期）									
2										7月13日
3										単位：万円
4	店名	昨年度実績	今年度目標	4月	5月	6月	合計	平均	最大	目標達成率
5	東京銀座本店	3,510	3,860	1,487	1,311	1,297	4,095	1,365	1,487	=G5/$G$9
6	埼玉川口支店	6,870	7,560	2,433	2,736	2,604	7,773	2,591	2,736	
7	千葉松戸支店	6,260	6,890	2,189	2,231	2,289	6,709	2,236.3	2,289	
8	神奈川横浜支店	2,630	2,890	983	879	962	2824	941.3	983	
9	合計	19,270	21,200	7,092	7,157	7,152	21,401	7,134		
10										

Lesson 8

Excel演習⑵
グラフを用いたビジネスデータ分析

 ## 1 今回学ぶこと

　ビジネスデータを集計し，数値のままでは特徴や傾向などの把握が難しいです。そのため，Excelを用いてグラフを作成して，数値データの可視化を図ることが欠かせません。今回は，Excelのグラフ作成機能の基本的な活用方法を学びます。

 ## 2 グラフの種類

　Excelで作成できる主なグラフは，数値を比較するための「(棒) グラフ」，推移を見るための「(折れ線) グラフ」，割合を見るための「(円) グラフ」などがあります。また，データ分析の目的に応じて，複数種類のグラフをひとつのグラフにまとめて表示する「複合グラフ」の作成もできます。

 ## 3 基本的なグラフの作成

　Excelでグラフを作成する場合は，まずグラフに表示させたいデータを選択してから，下図のように [挿入] タブにある [グラフ] 機能から，目的のグラフをクリックします。それでは，下の表を完成させて，会場別イベント入場者数のグラフを作ってみましょう。

【基本データ】

	A	B	C	D	E	F	G	H	I	J	K
1					イベント入場者数分析表						
2											単位：人
3		1月	2月	3月	4月	5月	6月	合計	平均	最大値	構成比
4	東京	8718	7652	9937	9025	8182	9163				
5	大阪	5749	4603	5209	5681	5134	6195				
6	名古屋	3873	3249	3892	3105	3208	3063				
7	沖縄	2819	3245	3306	3173	2992	1837				
8	札幌	3288	3195	3003	3459	3381	3427				
9	合計										
10	平均										
11	最大値										

【完成例】

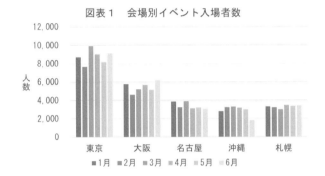

図表1　会場別イベント入場者数

【操作方法】

① セル「A3」から「G8」まで選択します。「挿入」タブにある「グラフ」機能の「棒グラフ（集合縦棒）」をクリックして作成します。

② 図表タイトルを「図表1　会場別イベント入場者数」に変更します。

③ 作成したグラフを選択して，「グラフデザイン」タブにある「行と列の切り替え」をクリックします（下図参照）。

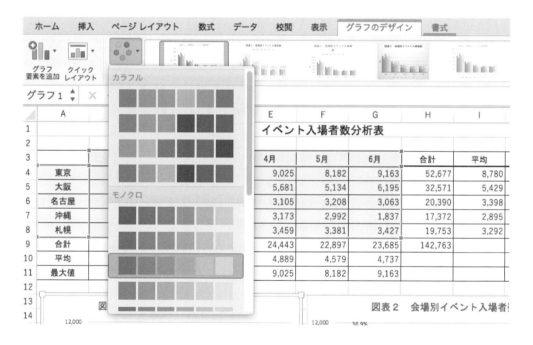

	1月	2月	3月	4月	5月	6月	合計	平均	最大値	構成比			
										単位：人			
東京	8,718	7,652	9,937	9,025	8,182	9,163	52,677	8,780	9,937	36.9%			
大阪	5,749	4,603	5,209	5,681	5,134	6,195	32,571	5,429	6,195	22.8%			
名古屋	3,873	3,249	3,892	3,105	3,208	3,063	20,390	3,398	3,892	14.3%			
沖縄	2,819	3,245	3,306	3,173	2,992	1,837	17,372	2,895	3,306	12.2%			
札幌	3,288	3,195	3,003	3,459	3,381	3,427	19,753	3,292	3,459	13.8%			
合計	24,447	21,944	25,347	24,443	22,897	23,685	142,763						
平均	4,889	4,389	5,069	4,889	4,579	4,737							
最大値	8,718	7,652	9,937	9,025	8,182	9,163							

④ 作成したグラフを選択して，「グラフデザイン」タブにある「色の変更」をクリックして，グラフを適切な色に変更します（下図参照）。

4　複合グラフの作成

　グラフの基本的な作成方法を習得したら，複合グラフの作成もチャレンジしてみましょう。ステップ3で作成した表の合計や平均などの計算を完成させてから，会場別イベント入場者数構成比のグラフを作ってみましょう。

【完成例】

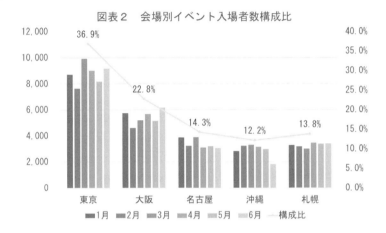

図表2　会場別イベント入場者数構成比

【操作方法】

①　セル「A3」から「G8」，同時に（キーボードの「Ctrl」キーを押したまま）「K3」から「K8」を選択します。「挿入」タブにある「グラフ」機能の「おすすめグラフ（集合縦棒＆折れ線）」をクリックしてグラフ作成します（下図参照）。

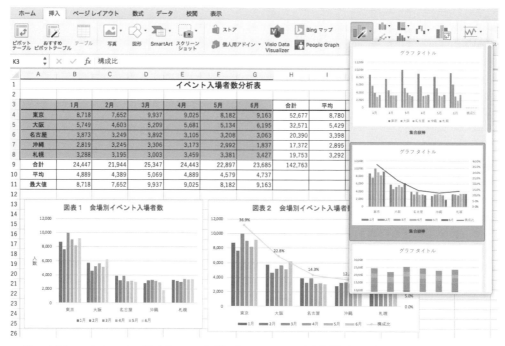

② 図表タイトルを「図表2 会場別イベント入場者構成比」に変更します。

③ 作成したグラフを選択し，「グラフデザイン」タブにある「色の変更」を利用して，グラフを適切な色に変更します。

④ 作成したグラフの折れ線部分を選択し，右クリックを活用して「データラベル(値)」を追加します（下図参照）。

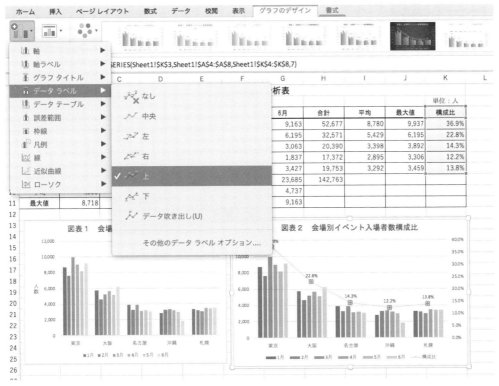

⑤　最後に，グラフの折れ線部分を再度選択し，右クリックを活用して「折れ線グラフ」の種類を「マーカー付き折れ線」に変更します（下図参照）。

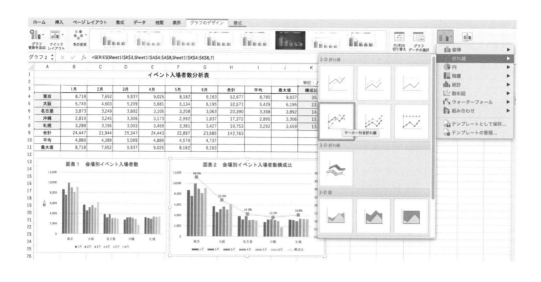

Lesson 9

Excel演習⑶
自動計算できる請求書の作成

 1 今回学ぶこと

　Excelは数値データの集計やグラフ作成による分析など幅広く利用されています。実は，ビジネスにおいて欠かせない見積書，納品書，請求書などの作成でも活躍しています。今回は，業務を効率化できる自動計算可能な見積書を作成し，印刷された際でも見やすくなるようにデザインを調整します。

2　請求書の基本事項を入力しよう

　下図のように，Excelを使って請求書の基本事項と金額などを入力します（目安：20分間）。

	A	B	C	D	E	F	G
1						発行日：	2019年12月16日
2							
3			ご請求書				
4							
5			株式会社ABC商事				
6			経理部			SKGコンピューター株式会社	
7			担当　川口太郎　様			営業部　鈴木さくら	
8						TEL：048-0000-00XX	
9			下記の通り、ご請求申し上げます。				
10							
11			ご請求金額				
12							
13							
14		No.	商品番号	商品名	単価（円）	数量	金額（円）
15		1	SKC-N01	ノートパソコン	137,500	8	
16		2	SKC-M02	ワイヤレスマウス	5,230	5	
17		3	SKC-U03	USBメモリ64G	8,160	9	
18		4	SKC-L01	LANケーブル	1,240	4	
19		5					
20		6					
21		7					
22						小計	
23						消費税（10%）	
24						合計	
25							
26			備考	お支払期限	2020年1月31日		
27				お振込口座	川口青空銀行123ABC		
28							

3　請求書に自動計算機能を付けてデザインを整えよう

　次に，請求書に自動計算機能を追加して，さらにデザインを整え，印刷された際でも見やすいものに調整します（目安：20分間）。

【完成例】

	A	B	C	D	E	F	G
1						発行日：	2019年12月16日
2							
3			ご請求書				
4							
5			株式会社ABC商事				
6			経理部			SKGコンピューター株式会社	
7			担当　川口太郎　様			営業部　鈴木さくら	
8						TEL： 048-0000-00XX	
9			下記の通り、ご請求申し上げます。				
10							
11			ご請求金額				
12				¥1,325,005	円		
13							
14		No.	商品番号	商品名	単価（円）	数量	金額（円）
15		1	SKC-N01	ノートパソコン	137,500	8	¥1,100,000
16		2	SKC-M02	ワイヤレスマウス	5,230	5	¥26,150
17		3	SKC-U03	USBメモリ64G	8,160	9	¥73,440
18		4	SKC-L01	LANケーブル	1,240	4	¥4,960
19		5					
20		6					
21		7					
22						小計	¥1,204,550
23						消費税（10%）	¥120,455
24						合計	¥1,325,005
25							
26			備考	お支払期限　2020/1/31			
27				お振込口座　川口青空銀行123ABC			
28							

【操作方法】

① 文書タイトルのデザイン

　まず，下図のように，「A3」セル選択し［ホーム］タブにある［塗りつぶし］機能を利用して背景色を「緑色」に塗りつぶします。次に「A3」から「G3」までのセルを選択し，［ホーム］タブにある［罫線］機能を利用して「下太罫線」を設定し，罫線の色を「緑色」に変更します。最後に文書タイトル「ご請求書」のフォント種類を「MSゴシック」に，フォントサイズを「16」ポイントに設定します。

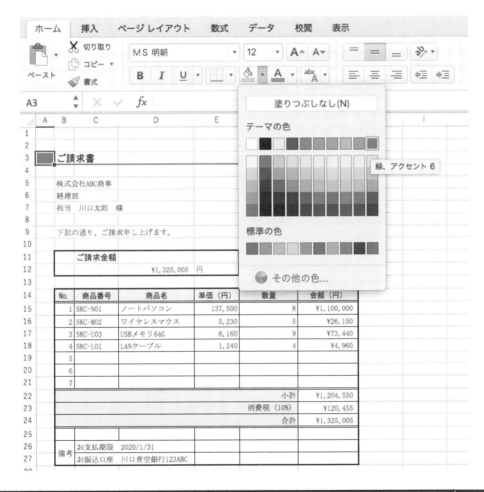

② ご請求金額エリアのデザイン

　まず,「B11」から「B12」までのセルを選択し,「外枠太罫線」で囲みます。次に「ご請求金額」のフォント種類を「MSゴシック」に,フォントサイズを「14」ポイントに設定します(下図参照)。

③　ご請求内容の表組みのデザイン

下記の操作を順番に行い，請求書全体のデザインを整えましょう。

● 「B14」から「G27」までの表組み全体を「格子」で囲みます。
● 「B14」から「G27」までの表組みの外枠を「太線」に変更します。
● 「B14」から「G14」までの項目名を「中央揃い」「MSゴシック」に変更します。
● 「B14」から「G14」までのエリア，「B21」から「G21」までのエリア，「B24」から「G24」までのエリアにそれぞれ「下二重罫線」を設定します。
● 「B14」から「G14」までのエリア，「B22」から「F24」までのエリアの背景色にそれぞれ「薄い緑色×斜線」で塗りつぶします。
● 「B22」から「F22」までの複数のセルを結合して，文字列を「右揃い」に設定します。
● 「B23」から「F23」までの複数のセルを結合して，文字列を「右揃い」に設定します。
● 「B24」から「F24」までの複数のセルを結合して，文字列を「右揃い」に設定します。
● 「B26」と「G27」のセルを結合して，文字列を「上下左右中央揃い」に設定します。

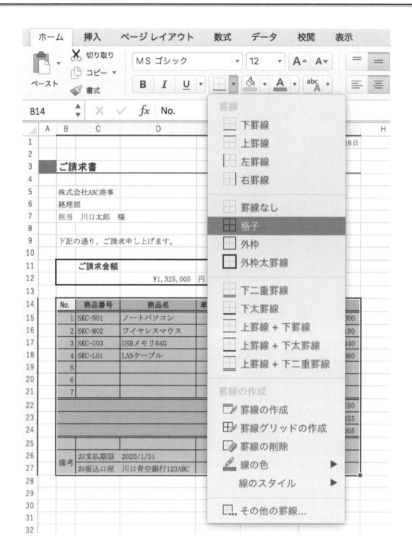

④ 金額欄に自動計算の数式を設定する

● 「G 15」セルに「＝ E 15 ＊ F 15」を入力し，合計を求めます。

● 「G 16」「G 17」「G 18」で「オートフィル」機能を利用して合計を求めます。

● 「G 22」セルに「SUM」関数を利用して小計金額を求めます。

● 「G 23」セルに「＝G 22＊10％」を入力して消費税金額を求めます。
● 「G 24」セルに「SUM」関数を利用して「小計」と「消費税」との合計額を求めます。
● 「D 12」セル（ご請求金額）に「G 24」で求めた合計金額を「＝」を利用して引用します。
● すべての金額に「通貨スタイル」を設定します。

	A	B	C	D	E	F	G
1						発行日：	2019年12月16日
2							
3		ご請求書					
4							
5		株式会社ABC商事					
6		経理部				SKGコンピューター株式会社	
7		担当　川口太郎　様				営業部　鈴木さくら	
8						TEL： 048-0000-00XX	
9		下記の通り、ご請求申し上げます。					
10							
11			ご請求金額				
12				¥1,325,005 円			
13							
14		No.	商品番号	商品名	単価（円）	数量	金額（円）
15		1	SKC-N01	ノートパソコン	137,500	8	¥1,100,000
16		2	SKC-M02	ワイヤレスマウス	5,230	5	¥26,150
17		3	SKC-U03	USBメモリ64G	8,160	9	¥73,440
18		4	SKC-L01	LANケーブル	1,240	4	¥4,960
19		5					
20		6					
21		7					
22						小計	¥1,204,550
23						消費税（10%）	¥120,455
24						合計	¥1,325,005
25							
26			お支払期限　2020/1/31				
27		備考	お振込口座　川口青空銀行123ABC				
28							

ホーム　挿入　ページ レイアウト　数式　データ　校閲　表示

MS 明朝　12　A A
B I U

G15　fx　=E15*F15

PowerPoint演習(1)
プレゼン資料作成の基本

 ## 1　今回学ぶこと

　今日，新商品の紹介など営業活動においてプレゼンテーションが欠かせません。その際に，Microsoft社のPowerPointが幅広く利用されています。今回は，PowerPointの起動からプレゼン資料作成の基本方法を学びます。スクリーンショットは，MacOS版のPowerPointを利用している際のものですが，WindowsのPowerPointでも基本操作方法は共通しています。

 ## 2　PowerPointの起動と基本操作

　MacOSを利用している場合は，コンピュータ画面の下部の［Dock］にあるショートカットを利用するか，下図のように［Finder］を左クリックし，［アプリケーション］フォルダにある［Microsoft PowerPoint］をダブルクリックして起動します。

　Windowsを利用している場合は，WordやExcelと同様にデスクトップにある
ショートカットを利用するか，スタートボタンをクリックし，アプリケーション一覧
からPowerPointを左クリックして起動します。

【操作画面】

　PowerPointの操作画面は，WordやExcelのそれと共通して，画面上部は編集機能
がまとめられています。下図のように，たくさんの編集機能が切り替え可能なタブ形
式となっています。画面中央部は入力キャンパスで，プレゼン資料の内容を入力・編
集するエリアとなっています。画面下部はステータスバーで，ズームスライダーを
使って画面の拡大と縮小，閲覧モードの変更，プレゼンテーションモードの開始など
の操作ができます。

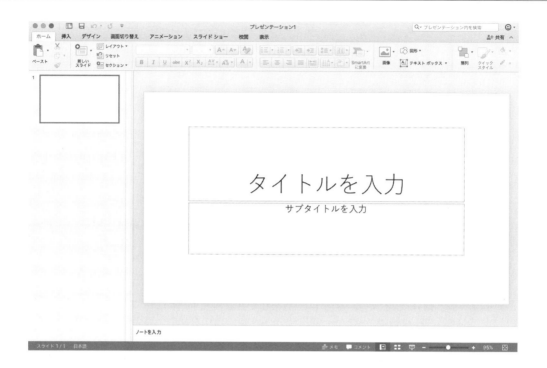

 ## 3 プレゼン資料を作成してみよう

　ここでは,「企業の社会的責任」についてプレゼン資料を作成します。2ページから4ページは,同じ内容となっていますが,見せ方の違いでわかりやすさが変わることを注意して作成しましょう。

【完成例】

【操作方法】

① 「PowerPoint（パワーポイント）」を起動し，「新しいプレゼンテーション」で
作成します（下図参照）。

② 「タイトルページ」（1ページ目）に「企業の社会的責任」と「日付・学生番号・氏名」を入力します。

③ ［ホーム］タブにある［新しいスライド］を展開し，中にある［タイトルとコンテンツ］スタイルを選択し，スライドを1枚追加してから，完成例の2ページ目の内容を入力します（下図参照）。

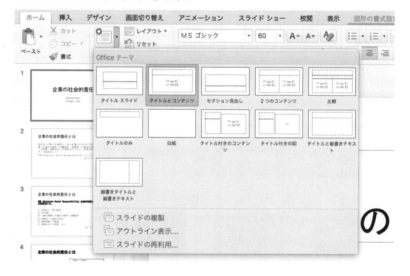

Lesson 10 PowerPoint演習⑴ プレゼン資料作成の基本

④ ［ホーム］タブにある［新しいスライド］を展開し，中にある［タイトルとコンテンツ］スタイルを選択し，スライドをさらに1枚追加します。3ページ目の箇条書きは＜ホーム＞タブにある［段落番号］を利用して作成します（下図参照）。

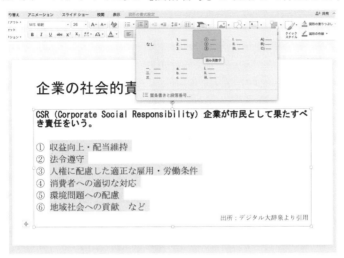

⑤ ［ホーム］タブにある［新しいスライド］を使い，4ページ目を追加します。次に＜挿入＞タブにある［SmartArt］機能を使い，縦方向カーブリストを追加して内容を入力します（下図参照）。

4　プレゼン資料のデザイン変更とアニメーション効果の追加

【完成例】

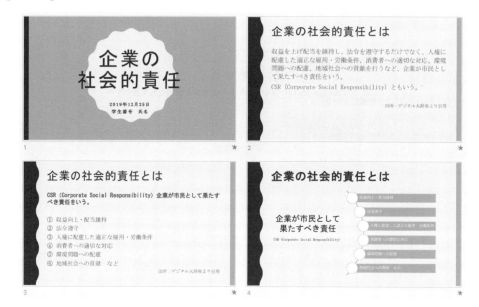

【操作方法】
①　プレゼン資料のデザインを変更したい場合は，［デザイン］タブを使います。
　　今回のデザインは［バッジスタイル］です。各スライド（ページ）のフォントサ
　　イズ（28ポイントが目安）と位置（上下左右のバランス）を見やすくなるように
　　適切に調整します（下図参照）。

② プレゼン資料に動きなどの効果を使ってインパクトを与えたい場合は，［画面切り替え］タブを利用します。今回は，［ページカール］スタイルを選択し，［すべてに適用］をクリックします（下図参照）。

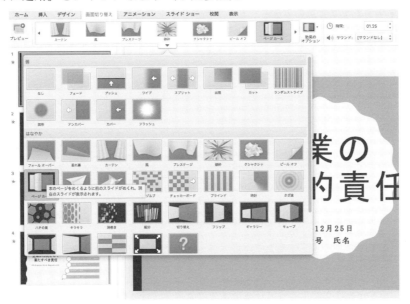

③ プレゼンをより効果的ものにしたい場合は，スライド内の内容に個別にアニメーションを追加することをおすすめします。今回は，スライド4に［アニメーション］タブにある［開始効果］の［ズーム］を利用して，SmartArtの内容が順番に出てくるように，アニメーションの開始効果を設定します（下図参照）。

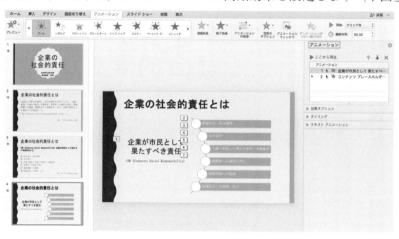

PowerPoint演習⑵
図表を活用したプレゼン資料の作成

 1　今回学ぶこと

　今回は，PowerPointを使い，図表を取り入れたプレゼン資料を作成します。例えば下記の完成例では，「夢の国」のゼグメント（事業別）の売上高と営業利益を示した棒グラフおよびそれぞれの事業の詳細をまとめた表で構成されています。図表があると，同社のテーマパーク事業の収益性が最も高く，事業の中核であることが一目瞭然になります。

2　図をプレゼン資料に入れよう

【完成例】

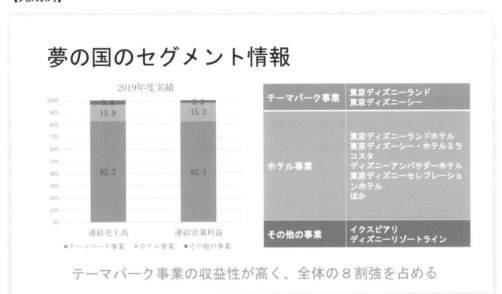

【操作方法】
① PowerPointを立ち上げて，「新しいプレゼンテーション」をクリックします。
② 新しいスライド（[タイトルとコンテンツ] タイプ）を追加し，表紙スライドを削除します。
③ タイトルエリアに「夢の国のセグメント情報」と入力します。
④ コンテンツエリアに [挿入] タブから [棒グラフ（積み上げ型）] を追加します。グラフ作成のため，Excelが自動で立ち上がります（下図参照）。

⑤　完成例を参考に，Excelに必要な項目名と数値データを入力し，使わない行と
　　列を削除します（下図参照）。

	A	B	C	D
1	列1	系列 1	系列 2	系列 3
2	カテゴリ 1			
3	カテゴリ 2			
4	カテゴリ 3			
5	カテゴリ 4			
6				

	A	B	C	D
1	列1	テーマパーク事業	ホテル事業	その他の事業
2	連結売上高	82.7	13.9	3.4
3	連結営業利益	82.5	15.3	2.2
4				
5				
6				

⑥　PowerPointに戻り，「グラフのデザイン」タブの「グラフ要素の追加」をクリックし，「データラベル（中央）」を追加します（下図参照）。

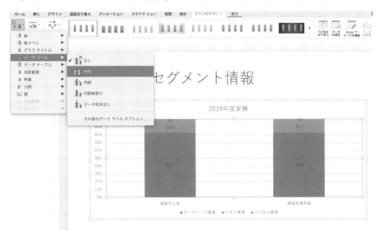

⑦　作成した棒グラフの横幅をスライド幅の半分まで縮小します。次に［グラフのデザイン］タブにある「色の変更」を使い，分かりやすい適切なの色に変更します（下図参照）。

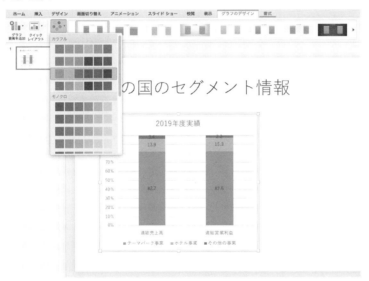

3 表をプレゼン資料に入れよう

① スライドの右側に表を追加します。「挿入」タブの「表」機能を使って，表
（3行×2列）を挿入します（下図参照）。

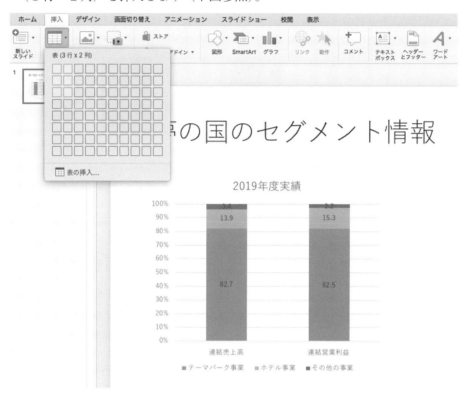

② 完成例のように，夢の国の３大事業の詳細情報を表に入力し，棒グラフとの対応関係から，それぞれの配色を合わせます。最後に，このスライドで最も主張したいメッセージを赤色で入力し強調します（下図参照）。

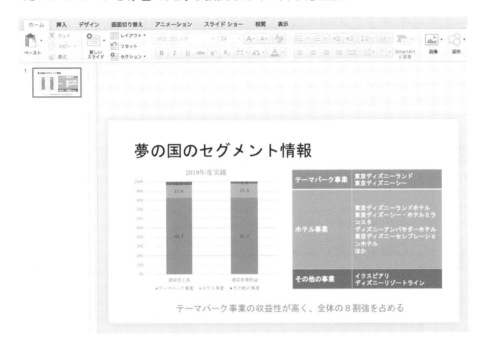

PowerPoint演習⑶
オリジナル地図の作成

 1　今回学ぶこと

　今回は，GoogleマップとPowerPointを使い，夢の国のオリジナル地図を作成してみましょう。

 2　Googleマップを活用しよう

【完成例】

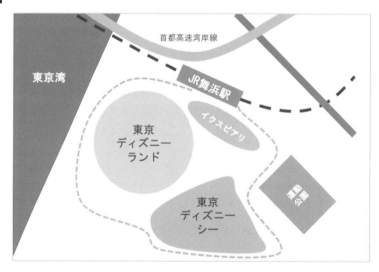

【操作方法】

①　ウェブブラウザを起動し，Googleマップで「舞浜駅」を検索します。夢の国の舞浜オフィスの場所が確認できるように，スケールを調整してください（下図参照）。

②　PowerPointを起動し，「新しいプレゼンテーション」をクリックします。［ホーム］タブの［新しいスライド］から［白紙］スタイルの新規スライドを追加します。表紙スライドは使用しませんので削除します。

③　Googleマップをスクリーンショットして活用します。PowerPointの［挿入］タブの「スクリーンショット」機能を使い，Googleマップの舞浜駅エリアをスクリーンショットします。次にそれをスライドに貼り付け，［図の書式設定］タブにある［トリミング］機能で不必要な部分を切り取ります。

④　Googleマップのスクリーンショットの透明度を下げてオリジナル地図作成の下準備をします。［図の書式設定］タブの［透過性］機能を使い，Googleマップのスクリーンショットの透明度を「50％」に設定してください。

 3　オリジナル地図を完成させよう

①　PowerPointの図形を使いオリジナル地図を作成します。［挿入］タブの［図

形〕機能を使い，Googleマップのスクリーンショットにある舞浜駅周辺の主な場所（例えば，大きい道路，テーマパーク，駅，海，橋など）をわかりやすさを重視して図形（三角形，長方形，円形，線など）で再現します（下図参照）。

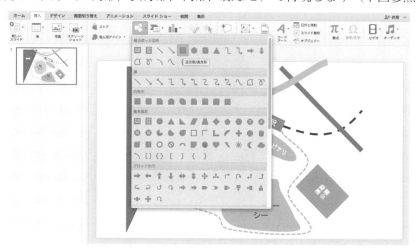

② 最後にGoogleマップのスクリーンショットを削除したら，夢の国のオリジナル地図の完成です。

参考文献（順不同）

- 富士通エフ・オー・エム株式会社著『よくわかるマスター2019年度版ITパスポート試験対策テキスト』（2019年）
- 日本商工会議所著『日商PC検定試験文書作成3級公式テキスト＆問題集—Microsoft Word 2013対応』FOM出版（2015年）
- 日本商工会議所著『日商PC検定試験データ活用3級公式テキスト＆問題集—Microsoft Excel 2013対応』FOM出版（2015年）
- 日本商工会議所著『日商PC検定試験プレゼン資料作成3級公式テキスト＆問題集—Microsoft PowerPoint 2013対応』FOM出版（2015年）
- 定平　誠著『例題50＋演習問題100でしっかり学ぶWord／Excel／PowerPoint標準テキスト Windows 10／Office 2019対応版』技術評論社（2019年）
- 富士通エフ・オー・エム株式会社著『Word 2019 & Excel 2019 & PowerPoint 2019よくわかる』（2019年）
- 財団法人全日本情報学習振興協会監修『パソコン技能検定ビジネス実務試験公式テキスト』日本能率協会マネジメントセンター（2010年）

著 者 紹 介

劉　博（りゅう・はく）
　2006年　国立大学法人埼玉大学経済学部卒業
　2008年　同大学大学院経済科学研究科博士前期課程修了
　　　　　修士（経済学）
　2011年　同大学大学院経済科学研究科博士後期課程修了
　　　　　博士（経済学）
経　　　歴　埼玉大学経済学部・埼玉学園大学経済経営学部兼任講師，
　　　　　川口短期大学ビジネス実務学科専任講師を経て，2016年
　　　　　4月より同大学ビジネス実務学科准教授
研 究 分 野　財務管理論
研究テーマ　財務・非財務情報の統合分析
著　　　書　『財務・非財務情報の統合分析—日本鉄鋼業の環境対策に
　　　　　関する実証研究—』（川口短期大学研究叢書第2巻）泉文
　　　　　堂，2020年
　　　　　『信用格付と会社財務・会計制度の新動向』（共著）泉文
　　　　　堂，2013年
　　　　　『株式会社の財務・会計制度の新動向』（共著）泉文堂，
　　　　　2011年

ビジネス情報処理
2020年12月10日　　初版第1刷発行

著　　　者　劉　博
発 行 者　大坪　克行
発 行 所　株式会社　泉 文 堂
　　　　　〒161-0033　東京都新宿区下落合 1 - 2 - 16
　　　　　電話 03-3951-9610　FAX 03-3951-6830

印 刷 所　光栄印刷株式会社
製 本 所　牧製本印刷株式会社

本書の無断複写は著作権法上での例外を除き禁じられています。複写される
場合は，そのつど事前に，（社）出版者著作権管理機構（電話 03-3513-6969,
FAX 03-3513-6979, e-mail：info@jcopy.or.jp）の許諾を得てください。

JCOPY ＜（社）出版者著作権管理機構 委託出版物＞

© 劉　博　2020　　　　　　　　　Printed in Japan （検印省略）

ISBN 978-4-7930-0463-6　C1034